LA COMEDIA ESPAGNOLE DU XVIIᵉ SIÈCLE

LEÇON D'OUVERTURE

PAR

A. MOREL-FATIO

Membre de l'Institut, Professeur au Collège de France,
Directeur à l'École des Hautes Études

DEUXIÈME ÉDITION REVUE

PARIS
LIBRAIRIE ANCIENNE HONORÉ CHAMPION
ÉDOUARD CHAMPION
5, QUAI MALAQUAIS

1923

LA
COMEDIA ESPAGNOLE
DU XVIIᵉ SIÈCLE

DU MÊME AUTEUR

A LA MÊME LIBRAIRIE

Catalogue des manuscrits espagnols de la Bibliothèque nationale, 2 vol. in-4.

— **Études sur l'Espagne.** Première série. 2e édition revue et augmentée. 1895. Pet. in-8.
I. L'Espagne en France. — II. Recherches sur Lazarille de Tormes. — III. L'histoire dans Ruy Blas. — IV. Espagnols et Flamands. — V. Le Don Quichotte envisagé comme peinture et critique de la société espagnole du XVIe et du XVIIe siècle.

— Deuxième série. In-8. Nouvelle édition revue et augmentée. 1906. In-8.   **9 fr.**
Grands d'Espagne et petits princes allemands au XVIIIe siècle d'après la correspondance inédite du comte de Fernan Nuñez avec le prince E. de Salm-Salm et la duchesse de Béjar.

— Troisième série. 1904. In-18.   **9 fr.**
I. La lettre de Sanche IV à Alonso Pérez de Guzman. — II. Un drame historique de Tirso de Molina. — III. Da Marina de Aragon. — IV. Une comédie de collège. — V. Histoire de deux sonnets. — VI. Soldats espagnols. — VII. Un grand d'Espagne, agent de Louis XIV. — VIII. La golille et l'habit militaire. — IX. Fernan Caballero. — X. L'espagnol de Manzoni. — XI. Mélanges de philologie.

— **Nouvelles études sur sainte Thérèse.** 1911. In-8.
2 fr. 25

— **Historiographie de Charles-Quint.** Première partie, suivie des Mémoires de Charles-Quint, texte portugais et traduction française. In-8.   **10 fr.**

— **Cinq recueils de pièces espagnoles.** 1911. In-8.

LA COMEDIA ESPAGNOLE DU XVIIᵉ SIÈCLE

LEÇON D'OUVERTURE

PAR

A. MOREL-FATIO

Membre de l'Institut, Professeur au Collège de France,
Directeur à l'École des Hautes Études

DEUXIÈME ÉDITION REVUE

PARIS
LIBRAIRIE ANCIENNE HONORÉ CHAMPION
ÉDOUARD CHAMPION
5, QUAI MALAQUAIS
—
1923

AVANT-PROPOS

Mes études sur la *Comedia* espagnole datent de 1875, alors que peu satisfait de l'édition du *Mágico prodigioso*, publiée chez Hachette, en 1875, par Magnabal, agrégé des lettres, je me rendis à Madrid pour collationner le manuscrit de la bibliothèque du duc d'Osuna (*El Mágico prodigioso, comedia famosa de Don Pedro Calderon de la Barca*, publiée d'après le manuscrit original de la bibliothèque du duc d'Osuna, avec deux fac-similés, une introduction, des variantes et des notes. Heilbronn, Henninger frères, 1877, in-8º de LXXVI et 255 pages). Plus tard, en 1880, étant chargé de cours à l'École des Lettres d'Alger, je fis un cours sur le théâtre espagnol, que je répétais à Paris, en 1884, lorsque M. Paul Meyer me chargea de le remplacer au Collège de France, dans sa chaire de langue et littérature de l'Europe méridionale.

C'est la brochure, totalement épuisée, que je réimprime : *La Comedia espagnole du XVIIe siècle. Leçon d'ouverture*. Paris, F. Vieweg, 1885.

Jules Lemaître, qui avait été mon collègue à Alger, voulut bien écrire l'article suivant dans la *Revue politique et littéraire* du 10 janvier 1885 :

« M. Morel-Fatio développe d'abord cette idée, que tous les peuples ont bien des drames et des comédies, mais que tous n'ont pas un théâtre, c'est-à-dire une longue tradition dramatique, une série de pièces conçues d'après la même formule. A ce compte, la Grèce antique, l'Espagne et la France ont seules un théâtre, et l'Angleterre n'en a point, quoiqu'elle ait Shakspeare. Puis, M. Morel-Fatio définit la comédie espagnole, en se servant du *Discours* de Lope de Vega : « De la nouvelle manière de faire « aujourd'hui les *comedias*. » Il explique enfin comment et pourquoi ce théâtre n'égale pas le nôtre et celui de Shakspeare, et par où il est néanmoins original et intéressant.

« Cette étude, très serrée et très suggestive, écrite d'un style vigoureux et précis, forme une remarquable introduction à l'histoire du théâtre espagnol. »

Le plus ancien correspondant de l'Académie des Inscriptions (1890) et le savant linguiste, M. Hugo

Schuchardt, — qui n'a pas signé le *Manifeste* des intellectuels allemands de 1914 — m'adressa de Graz une carte postale : « Cher Monsieur, Merci bien pour l'élégant résumé que vous donnez de la comédie espagnole du xviie siècle. Aussi les Italiens aiment à dire *Lopez de Vega*. Je vous le répète que je lis les Comedias non seulement pour m'instruire, mais aussi parce que je les goûte. Nous autres Allemands, nous sommes des romantiques incorrigibles. »

Encore à Alger, je publiai, à l'occasion du second centenaire de la mort de Calderon, la brochure suivante : *Calderon. Revue critique des travaux d'érudition publiés en Espagne à l'occasion du second centenaire de la mort du poète, suivie de documents relatifs à l'ancien théâtre espagnol*, Paris, 1881, qui causa un assez gros scandale, et puis un article, dans la *Revue critique* du 24 juillet 1882, sur une romance faussement attribuée à Calderon. Rentré à Paris, à partir de 1884, je fis au Collège de France, dans le *Bulletin Hispanique*, dans *Le Moliériste* et l'*Encyclopoedia britannica* une série de leçons ou d'articles sur divers points du théâtre espagnol : Alarcon et *La Verdad sospechosa* ; Lope de

Vega ; Tirso de Molina et la *Prudencia en la mujer* (qui parut dans le *Bulletin Hispanique*, t. II, p. 178 et suiv.) ; Lope de Vega, *Arte nuevo de hazer comedias en este tiempo* (*Bull. Hisp.*, t. III, p. 365-405) ; *Les défenseurs de la Comedia* (*Bull. Hisp.*, t. IV, p. 30-62) ; *Les Origines de Lope de Vega* (*Bull. Hisp.*, t. VI, p. 38-53) ; *Le Moliériste* d'août 1886[1] ; *Lope de Vega* (*The Encyclopoedia britannica*, 9ᵉ édition, Londres, 1888, t. XXIV, p. 121-124) ; et, en collaboration avec Léo Rouanet, *Le théâtre espagnol*. Paris, s. d. Pour les mémoires qui n'étaient pas encore en état d'être publiés, voyez le *Catalogue des manuscrits de M. Morel-Fatio et de H. Léonardon donnés à la Bibliothèque de Versailles*. Bordeaux, 1922 (extrait du *Bulletin Hispanique*, 1921-22).

[1]. J'y ai imprimé la *fin de fiesta*, qui est une traduction du *Bourgeois gentilhomme* de Molière (*El labrador gentilhombre*), pour être agréable à Marie-Louise d'Orléans, venue à Madrid pour épouser Charles II. La traduction a été attribuée à Pablo Polop, par D. Emilio Cotarelo (*Boletin de la R. Academia española*, t. X, p. 126), qui a eu tort de dire : « Carecen, pues, de fundamento la especie de que fuese Calderon mismo el traductor de esta pieza... sobre todo por los escritores del otro lado del Pirineo ». J'ai dit moi-même que « *la question reste indécise* ».

LA COMEDIA ESPAGNOLE
DU XVIIe SIÈCLE *

Toutes les nations, anciennes ou modernes, ont une littérature dramatique, toutes ont produit en plus ou moins grand nombre des œuvres tragiques, comiques ou tragi-comiques ; mais il n'est pas vrai que toutes aient, à strictement parler, un théâtre. Pour qu'une nation réussisse à créer un théâtre, qui légitimement porte son nom, qui d'un commun accord soit considéré comme lui appartenant en propre et comme représentant d'une façon éminente son génie, il lui faut le concours assez rare de plusieurs circonstances.

Il lui faut en premier lieu une société fortement

---

*. Cette leçon a été lue, le 4 décembre, au Collège de France, par son auteur, appelé à remplacer M. Paul Meyer dans sa chaire de langues et littératures de l'Europe méridionale, pendant le premier semestre de l'année 1884-1885. Il a paru utile d'y ajouter quelques notes.

centralisée, dont tous les membres se sentent depuis longtemps unis et solidaires, qui tous possèdent un fonds d'idées, de sentiments, de souvenirs communs et qui, par suite, aient tous les mêmes mœurs et les mêmes aspirations. Une scène nationale, où puissent être transportés soit des passions tragiques, soit des travers et des vices capables d'émouvoir ou d'affecter la société tout entière, n'est réalisable qu'à cette condition [1].

Mais cela ne suffit pas. Il est nécessaire encore que le drame quel qu'il soit, destiné à refléter l'esprit de cette société, trouve une forme originale et répondant si bien aux goûts et aux tendances du milieu qu'elle se fasse aussitôt accepter par le plus grand nombre et prenne aisément le pas sur toutes les autres manifestations de l'art dramatique.

C'est parce que les conditions que je viens d'indiquer ont été remplies par les Grecs que l'on peut, dans l'antiquité, parler d'un théâtre grec, tandis qu'il n'existe pas de théâtre latin. Les Romains

1. Cette première et très essentielle condition d'une scène nationale a été parfaitement expliquée par M. K. Hillebrand dans ses *Études italiennes*. Paris, 1868, p. 145 et suiv.

cependant avaient la centralisation politique et littéraire, ils avaient une histoire populaire et des mœurs communes ; mais ils ne surent jamais inventer un genre de drame qui fût vraiment à eux, vraiment la représentation de leur caractère national ; ils ne surent qu'adapter à leur langue et à leur littérature les œuvres grecques. Aussi dira-t-on des Romains qu'ils ont des tragédies et des comédies, mais non pas qu'ils ont un théâtre.

Parmi les nations modernes, deux seulement me semblent mériter d'être, à cet égard, assimilées aux Grecs : la France et l'Espagne. Ces deux nations seules ont offert, à une certaine époque de leur existence, un terrain propice à l'institution d'un théâtre, et chez l'une comme chez l'autre, il est arrivé qu'une forme spéciale, créée ou fixée tout au moins dans ses traits les plus essentiels par un poète de génie, s'est avec la complicité du public emparée de la scène, s'y est si solidement établie qu'il a fallu des siècles pour l'en déloger ; encore en subsiste-t-il de nos jours, chez l'une tout au moins de ces nations, bien mieux que des débris.

En France, cette forme par excellence, qui a donné

à notre théâtre son unité et son originalité, est la tragédie ; c'est la tragédie qu'on entend surtout, c'est à elle qu'on pense en premier lieu, plutôt qu'à notre comédie, malgré le grand nom de Molière, lorsqu'on parle du théâtre français classique. Ce privilège que nous reconnaissons à la tragédie, elle le tient non seulement de sa nouveauté, de sa valeur intrinsèque, de sa parfaite appropriation à l'esprit de notre race, de l'incomparable éclat de ses débuts, elle le tient encore de sa continuité, de sa longue carrière, qui, d'étape en étape et en dépit de nos révolutions politiques et littéraires, s'est étendue jusqu'à nous. Au lieu donc de nous plaindre, comme il est devenu trop habituel de le faire, des entraves apportées par nos poètes du XVIᵉ et du XVIIᵉ siècle à l'expansion de notre muse tragique, au lieu de traiter de puériles les règles si strictes dans lesquelles ils ont emprisonné leur drame, bénissons-les plutôt d'avoir su extraire de la tragédie antique une formule nouvelle, d'avoir torturé Aristote pour en obtenir comme une consécration de leurs propres théories, bénissons-les de leurs préjugés et de leurs exagérations, car c'est à eux que nous devons de posséder un théâtre comme les

Grecs ou les Espagnols, et non pas seulement des tragédies ou des comédies comme les Romains, les Italiens et les Allemands. Sans cette réglementation sévère qu'ils réussirent à introduire et que Corneille, par le prestige de son nom, imposa à ses contemporains et à ses successeurs, la forme de notre drame tragique fût restée indécise et flottante, chaque poète à son tour eût tâtonné, perdu beaucoup de temps et de talent pour se créer un cadre approprié à ses conceptions ; en revanche, peut-être, l'imagination se serait donné plus librement carrière et nous aurions eu, qui sait ? dans plus d'un genre, des tentatives intéressantes, d'heureuses trouvailles, mais notre art dramatique eût incontestablement perdu en unité, en forte concentration, ce qu'il aurait gagné en variété.

Les Espagnols ont partagé notre sort, à eux aussi est échu un vrai théâtre. Mais avant d'aborder ce sujet, je dois prévenir une objection qui pourrait m'être adressée.

Que faites-vous de l'Angleterre ? Les Anglais ne passeraient-ils pas à juste titre pour posséder un théâtre ? A vrai dire, je ne le crois pas. Il manque au théâtre anglais, si ce nom même peut être employé, s'il signifie quelque chose, cette régularité et cette continuité dont je parlais tout à l'heure et qui caractérise si nettement notre théâtre et celui des Espagnols. Ici, un seul nom résume tout, il n'y a qu'un seul point lumineux vers lequel tout converge : Shakspeare, et qui dit théâtre anglais dit théâtre de Shakspeare, ou ne se fait pas entendre. Assurément cela seul est assez, et un génie de cette taille peut valoir autant et mieux qu'une grande école dramatique ; mais en résultat, cette école, cette tradition, cette forme unique et continue, que d'autres peuvent montrer, les Anglais ne l'ont pas. Shakspeare n'a rien imposé à ses successeurs, qui ne l'ont pas imité ; dans son incomparable grandeur il reste isolé, sans attache avec ce qui le suit. On ne saurait donc mettre l'art dramatique anglais sur la même ligne que l'art dramatique français ou espagnol, ou en d'autres termes, le théâtre anglais, c'est-à-dire le théâtre de Shakspeare, n'existe pas au même titre ni dans les mêmes conditions que le nôtre ou celui de nos voisins de la péninsule ibérique. C'est une prodigieuse exception, ce n'est pas un organe essentiel, une manifestation générale et indéfiniment prolongée de la littérature nationale.

En Espagne, au contraire, nous sommes tout aussitôt frappés de l'extrême uniformité et homogénéité de la poésie dramatique, de sa force de résistance, de son éblouissante richesse. Une fois la recette trouvée et le cadre arrêté, le théâtre espagnol ne s'en écarte plus, il marche d'un pas sûr dans la voie ouverte ; chacun se plie d'instinct à la règle, sans se douter même qu'on y pourrait changer quelque chose, faire mieux ou faire autrement. Le drame espagnol ou, pour le nommer par son nom, la « comedia », dont les commencements coïncident à peu près avec l'entrée du XVIIe siècle, vit pendant tout le cours de ce siècle d'une vie large, exubérante. Il résiste à la chute de la dynastie autrichienne, si populaire depuis Philippe II et d'un espagnolisme si pur, qui avait tant contribué à son succès ; il résiste à l'avènement des Bourbons, aux changements considérables que cette domination étrangère, l'influence croissante et envahissante de la France apportent à la vie publique, aux mœurs et à la littérature de la nation, il résiste, mais en perdant du terrain. Écrasé qu'il est par le mépris des adeptes de notre système dramatique, il se réfugie de plus en plus dans les genres bas, où se concentre alors le vieil esprit espagnol, et de cette façon il réussit à traverser, quoique péniblement et non sans subir des mutilations, cette période hostile et ingrate. Avec le réveil de la littérature nationale, le drame classique recouvre, dès le premier tiers de ce siècle, de nouvelles forces, et en s'accommodant aux circonstances regagne les positions abandonnées. Aujourd'hui encore, c'est la *comedia* des Lope de Vega et des Calderon, légèrement modifiée, qui règne sans conteste chez nos voisins; et tandis que chez nous la tragédie de Corneille, de Racine et de Voltaire semble ne plus vouloir renaître de ses cendres éteintes, la forme inaugurée en Espagne au XVIIe siècle est restée assez vivace pour répondre aux nécessités de l'art dramatique contemporain, pour satisfaire aux exigences d'un public dont l'idéal a cependant notablement changé depuis le temps des Philippe.

Qu'entend-on par *comedia* dans la littérature espagnole ? Ce mot de *comedia*[1], bien loin de pouvoir

---

1. On sait qu'en général les drames espagnols du XVIIe siècle portent dans les imprimés du temps le titre de *comedia famosa*. Cet adjectif *famosa*, qui étonnait Voltaire, peut être rendu en

être traduit par « comédie », de représenter ce que les anciens et nous-mêmes entendons par comédie, est un terme très large qui embrasse tous les genres de drame, que les effets en soient comiques ou tragiques, à l'exclusion d'une part, d'un certain drame religieux ou liturgique, que les Espagnols nomment *auto*[1], et, d'autre part, des genres inférieurs, de la farce, de l'intermède, du vaudeville (*zarzuela*), des

---

français par « applaudie » : la *comedia famosa* est celle qui a réussi, qui a été acceptée au théâtre. Une autre épithète, oubliée aujourd'hui et que ne mentionnent pas les historiens les plus récents du théâtre espagnol, est *grande* : la *gran comedia* revient presque aussi souvent dans les éditions anciennes que la *comedia famosa*. C'est ce qui n'avait pas échappé à Ignacio de Luzan, l'excellent critique du XVIIIe siècle : « Errados andan los que piensan ser ya poétas por haber... escrito sin tino ni regla una comedia, que, como quiera que sea, no dexara de ostentar en la impresion el vano epiteto de *famosa* o de *grande*. » (*La poética*, éd. de 1789, t. II, p. 249.)

1. Il y avait l'*auto sacramental* ou *del Corpus* (Fête-Dieu) et l'*auto al nacimiento* (Noël). Un auteur du XVIIe siècle, fort inconnu, Luis Alfonso de Carvallo, prête à *auto* le sens général de *comedia* : « Auto es lo mismo que comedia », dit-il, dans son *Cisne de Apolo* (cité par von Schack, *Geschichte der dramatischen Literatur und Kunst in Spanien*, t. III, août, p. 249), mais cette opinion lui est personnelle.

pièces de circonstance, des féeries mythologiques (*fiestas*). L'extension donnée au sens de *comedia* dans la langue du métier, au XVIIᵉ siècle et même auparavant, est un fait dûment constaté et qui ne souffre aucune discussion. Lope de Vega l'emploie toujours comme équivalent de drame en général [1], et en dehors même du milieu des auteurs et des gens de théâtre l'acception nouvelle a cours : de purs théoriciens l'adoptent et la consacrent dans leurs traités

---

1. D'un de ses prédécesseurs, le capitaine Virues, il dit : « O éminent esprit, repose en paix ! Toi à qui les Muses comiques (*cómicas*) doivent leurs meilleurs commencements ; tu as écrit des *tragédies* applaudies » (*Arte nuevo de hacer comedias en este tiempo*). Ici *Musas cómicas* est l'équivalent de théâtre en général. Ailleurs, dans une note mise à la suite d'une de ses pièces (*El valiente Cespedes*), qu'il intitule expressément *tragicomedia*, il observe que *en esta comedia* les amours d'un des personnages sont fabuleuses : *comedia* est donc le terme générique, qui abrite les acceptions spéciales. Lope va plus loin encore, il étend même au théâtre liturgique, qui cependant formait à lui seul un genre bien délimité, la dénomination de *comedia* ; ainsi le prologue d'un de ses *autos* de la Fête-Dieu (*El nombre de Jesús*) fait allusion à des « *comedias* à la gloire et en l'honneur du pain (c'està-dire du corps du Christ), que cette ville couronnée (Madrid) célèbre avec si grande pompe ». Cf. von Schack, *l. c.*, t. II, p. 74 et 94.

didactiques. Ainsi le théologien Juan Caramuel Lobcowitz, fort discrédité comme moraliste, car il a reçu le fouet de Pascal, mais qui, dans ses travaux de rythmique espagnole, a fait preuve d'érudition et de perspicacité, s'empare de la terminologie de Lope et la défend avec énergie : « *Comoedia*, dit-il, a un sens plus étendu que *tragoedia* ; en effet, toute *tragoedia* est une *comoedia*, mais l'inverse n'est pas vrai. La *comoedia* est la représentation d'un événement historique ou d'une fiction, et peut avoir une issue heureuse ou malheureuse. Dans le premier cas elle garde simplement le nom de *comoedia*, dans le second, elle est appelée *comoedia tragica* ou *tragi-comoedia*, ou encore *tragoedia*. Telle est la vraie différence de ces mots, quoique d'autres y puissent trouver à redire [1]. »

Si les Espagnols du XVIIe siècle ont ainsi détourné le mot *comedia* de son sens précis et restreint, il va de soi qu'ils n'usent de cette licence qu'en ce qui les

---

1. *Primus calamus*, Campaniae, 1668, t. II (*Rhythmica*), p. 701. Tout ce que le P. José de Alcazar dit de la *comedia* dans son *Ortografía castellana* (ms.) est tiré de la *Rhythmique* de Caramuel (voy. l'*Ensayo de una biblioteca española* de Gallardo, t. I, vol. 109 et suiv.).

concerne ; jamais ils n'ont élevé la prétention d'étendre à d'autres théâtres une dénomination qui ne convient qu'au leur. La *comedia* désigne une action dramatique quelconque, sans égard pour les effets qu'elle doit produire dans l'âme du spectateur, mais une action dramatique telle seulement que les Espagnols l'ont conçue ; la *comedia* est le drame espagnol et n'est que cela. Il convient donc de commencer par définir ce drame national, qui tient du terroir les traits qui le distinguent, lui assignent une place déterminée dans l'histoire de l'art, et lorsque nous en connaîtrons le procédé, il nous sera plus facile de nous expliquer pourquoi il a pu mériter ce nom, qui ne laisse pas de surprendre à première vue.

Tous les auteurs espagnols qui ont disserté, au XVIIe siècle, sur la forme de leur art s'accordent pour insister sur le caractère essentiellement *mixte* de la *comedia* : c'est l'expression qui revient partout.

« Aujourd'hui la *comedia* (ou, comme d'autres disent, la *representation*) consiste en une certaine *miscellanée*, où il y a de tout », écrit en 1617 un contemporain de Lope, Cristobal Suarez de Figueroa [1]. L'année d'avant, en 1616, certain poète de

1. *El Passagero*, éd. de Barcelone, 1618, *alivio* III.

Valence, qui s'est caché sous le pseudonyme de Ricardo de Turia, déclare qu' « aucune des *comedias* qu'on représente en Espagne n'est à proprement parler comédie, mais bien tragi-comédie, c'est-à-dire un mélange de comique et de tragique, qui emprunte au dernier genre ses personnes illustres, l'action grande, la terreur et la pitié, et au premier le sujet particulier (*el negocio particular*), le rire et les plaisanteries. Et que personne, ajoute-t-il, ne tienne cette *mixture* pour impossible, car il ne répugne ni à la nature ni à l'art que dans une même fable concourent des personnes illustres et humbles [1] ». Lope lui-même signale souvent cette confusion des genres ; à Guillen de Castro il rappelle « la coutume d'Espagne, qui a déjà réussi à *mêler*, contrairement à l'art, les personnes et les styles [2] ». Un de ses meilleurs élèves, qui devint son émule, Tirso de Molina, dans son apologie de la *comedia nueva* — retenons le mot — invoque, comme Ricardo de Turia, l'exemple

---

1. *Apologético de las comedias españolas* (*Norte de la poesia española*. Valence, 1616).
2. Dédicace de *Las almenas de Toro* à Guillen de Castro (parte XIV, año 1620).

de la nature pour autoriser le caractère composite du théâtre de son maître, et il est bien près de s'écrier avec Victor Hugo : « Tout ce qui est dans la nature est dans l'art. » Si en greffant, dit-il, une espèce d'arbre sur une autre, on en obtient une troisième, pourquoi la *comedia* ne s'écarterait-elle pas des préceptes des anciens, « pourquoi ne grefferait-elle pas habilement le tragique sur le comique, ne tirerait-elle pas un aimable *mélange* de ces deux genres opposés, et, en participant ainsi de l'un à l'autre, n'introduirait-elle pas dans sa fable soit des personnes illustres, à l'exemple de la tragédie, soit des personnes plaisantes ou ridicules, à l'exemple de la comédie [1] ». Tel est le caractère du nouveau drame. Le mélange, la confusion des genres et des styles, que les anciens et les modernes depuis la Renaissance séparaient soigneusement, voilà ce qui spécifie ce produit indigène. Il n'en faut pas davantage pour rendre plausible le choix de l'étiquette qui lui a été apposée.

Pour désigner une forme nouvelle, les Espagnols auraient pu créer un terme nouveau ou s'en tenir à

1. *Cigarrales de Toledo*, éd. de Barcelone, 1631, f. 70.

quelque dénomination vague, telle que *representacion*, comme, d'après Suarez de Figueroa, quelques-uns le demandaient [1]; ils auraient pu, à la rigueur, si le mot n'avait été un peu lourd et pédant, prendre *tragicomedia*. Ils aimèrent mieux ne pas sortir de la tradition, rester fidèles aux noms s'ils ne gardaient pas les choses, et contraints alors de choisir entre tragédie et comédie, ils durent se décider pour le second terme. Cela se conçoit sans peine. Qu'est-ce qui, aux yeux des poètes espagnols, tous plus ou moins imbus d'un aristotélisme assez altéré, marquait surtout la différence entre la comédie et la tragédie ? Le dénouement, heureux dans le premier cas, malheureux dans le second. La condition des personnes, la nature des sujets ne venaient qu'en seconde ligne, et bien

---

1. « La *comedia* ó sea, como quieren, *representacion* » (*El Passagero*, alivio III). Je ne vois guère que Quevedo, dont la solide éducation classique répugnait à l'emploi de *comedia* au sens espagnol, qui se soit, au XVIIᵉ siècle, servi de ce mot *representacion* : il a intitulé un de ses drames *representacion española* (voir la liste des œuvres dramatiques de Quevedo par D. Aureliano Fernadez-Guerra dans La Barrera, *Catálogo del antiguo teatro español*, p. 313). Dans le plus ancien théâtre espagnol, *representacion* s'applique souvent à des pièces de contenu profane ou religieux ; cf. l'italien *rappresentazione*.

avant l'époque qui nous occupe, la scène nationale avait vu souvent des personnes illustres et même royales mêlées à des actions dont ni la conduite, ni les péripéties, ni le style n'offraient rien d'exclusivement tragique. L'issue du drame reste donc le point capital, qui seul le classe, permet de le rattacher à un genre plutôt qu'à un autre. Eh ! bien, sans rechercher comment s'est en fait comporté, à l'égard du dénouement, le nouveau drame espagnol, sans entreprendre de dresser une statistique de ses catastrophes, on est amené à reconnaître qu'en vertu précisément de ce caractère mixte qui le distingue, en vertu de la rencontre en une même action de personnes de toutes les catégories sociales, le dénouement devait en être plus souvent heureux que tragique. Rien de plus naturel, par conséquent, que de donner la préférence au terme dont l'emploi se justifiait neuf fois sur dix, rien de plus logique que de comprendre sous la rubrique de *comedia* tous ces drames, sans tenir compte des cas exceptionnels qui y répugnaient. Libre d'ailleurs aux scrupuleux de spécifier plus rigoureusement la nature de leurs ouvrages : Lope, par exemple, ne s'est pas fait faute d'intituler telle ou telle de ses pièces *tragedia* ou *tragi-comedia* [1]. Mais plus on avance dans le xviie siècle, plus le sens ancien et traditionnel du mot *comedia* s'efface, plus il devient élastique, absolument identique à ce que signifie en anglais *play* ou en allemand *Schauspiel* : les drames les plus noirs de Calderon sont encore des *comedias*.

Cette *comedia nueva* [2], comme la [3] qualifie Tirso de

1. Ainsi *El valiente Cespedes* est dénommé *tragi-comedia* ; d'autres pièces comme *Roma abrasada*, *El marido mas firme* portent le titre de *tragedia* ou *tragedia famosa*.

2. Dès la fin du xviie siècle, ce nom de *comedia nueva* commence à se substituer à la traditionnelle *comedia famosa* et tend à l'éliminer : les drames, par exemple, d'Antonio de Zamora (1660-1740) sont, dans ses œuvres, tantôt intitulés *comedia famosa*, tantôt *comedia nueva*, sans qu'on voie du tout ce qui, dans l'espèce, a pu déterminer le choix de l'étiquette. Toutefois, l'ancienne et célèbre épithète était trop ancrée dans le langage théâtral pour se laisser facilement supprimer, elle persiste même après l'introduction en Espagne de la tragédie française, et c'est ainsi que *El sacrificio de Ifigenia*, drame de José Çanizares, composé vers 1716, « pour montrer les *comedias* selon le style français », comme dit expressément l'auteur, s'intitule encore « *comedia famosa* en cinq actes ». *Comedia nueva*, à la fin du xviie siècle, a plutôt le sens de *comedia originale*, non refaite d'après Lope ou les autres poètes du commencement du siècle.

3. « De estas impertinencias y otras tales Ofrecio la *comedia libre y suelta* » (Pedro de Urdemalas, jornada 3ª).

Molina, ou cette « comedia libre », comme l'a une fois nommée Cervantes, à qui la doit-on ? Est-elle l'œuvre exclusive d'un seul, ou procède-t-elle par des évolutions successives, auxquelles plusieurs ont concouru d'une forme ancienne du théâtre national ? Le grand nom de Lope de Vega [1] est, à la connais-

1. Depuis Voltaire et à cause de Voltaire, beaucoup de Français, même des écrivains graves, ont pris la fâcheuse habitude de nommer Lope *Lopez*. [*Lopes de Vega*, dans la *Relation du voyage d'Espagne* (Paris, 1691, t. II, p. 185) de la comtesse d'Aulnoy ; *Lopez de Vega*, dans Mignet, *Négociations relatives à la succession d'Espagne*, t. I, p. xxxi. Ce qui n'avait pas échappé à Cadalso : « Lope de Vega Carpio (que los Franceses han dado en llamar *Lopez*). » (*Cartas marruecas*, nº LXVII.)] Et les Espagnols de se moquer de nous, qui confondons *nombre* et *apellido*, en quoi ils ont parfaitement raison. Au temps où la littérature espagnole était connue et appréciée en France, nous n'aurions jamais commis cette faute ; ainsi au xviie siècle, l'on disait bien plus correctement, et à l'italienne : *Le Lope de Vègue* (P. Bouhours). Mais il n'y a pas que nous de barbares. Ce n'est pas sans quelque malin plaisir que j'ai retrouvé notre *Lopez* dans l'écrit d'un Allemand, grand connaisseur de la littérature espagnole, V. A. Huber (v. son discours intitulé : *Ueber spanische Nationalität und Kunst im 16 und 17 Jahrhundert*, Berlin, 1852, p. 26). Et même il se trouve des Espagnols, odieusement *afrancesados*, qui laissent passer le bout de l'oreille. Je lis, par exemple, dans *El pensador matritense*, journal littéraire assez spirituel de la fin du siècle

sance de tous, étroitement associé à la *comedia* espagnole, à ce point que l'un appelle l'autre, qu'on ne sépare pas ce genre dramatique du poète qui passe pour en être l'inventeur. Je ne viens pas battre en brèche l'opinion reçue. Tout compte fait, il est juste de tenir Lope de Vega pour le père du nouveau drame, avec cette réserve cependant qu'on ne prendra pas cette paternité trop au pied de la lettre. La *comedia* n'est point sortie un beau jour tout armée du cerveau du poète ; d'autres lui ont fourni la matière, une matière, il est vrai, à peine dégrossie, qu'il s'est chargé de polir. Les éléments du poème dramatique, qu'il a fait sien, existaient, mais sans cohésion suffisante ; il fallait avoir l'idée de les mieux fondre en un tout harmonieux, capable de s'imposer et de prendre d'emblée la première place.

Comment il s'y est pris pour donner au théâtre espagnol sa forme définitive et clore la période des essais et des tâtonnements, nous allons l'apprendre

---

dernier (t. I, p. 191) : « Si los *Lopez*, los Calderones, los Solises, y otros talentos de nuestro pais corrompieron el arte de la comedia.... » Français, Allemands et Espagnols n'ont donc pas grand'chose à se reprocher.

de sa propre bouche, car Lope n'a pas seulement prêché d'exemple avec ses dix-huit cents drames, dont un tiers à peine nous a été conservé, il a dogmatiquement exposé la théorie de son art.

Ce fut donc en 1608 [1], sur la demande des

---

[1]. Quoiqu'on ait prétendu le contraire, il me paraît démontré que la seconde partie des *Rimas* de Lope, à laquelle est agrégé l'*Arte nuevo de hacer comedias en este tiempo*, n'a été publiée pour la première fois qu'en 1609, et comme l'errata de cette édition de 1609 porte la date du 29 janvier, il s'ensuit que Lope a composé son discours *au plus tard* dans l'année 1608. De toutes façons, il est sûr que l'*Arte* n'a pas été *imprimé* en 1602 avec la première partie des *Rimas*, et qu'il n'a pas été imprimé non plus dans l'intervalle de 1602 à 1609; ceci résulte : 1º de cette note de la seconde partie des *Rimas* (éd. de 1609) : « Estas Rimas tienen licencia y privilegio, *aunque no se imprimieron con las passadas la primera vez*, por no hazer tan gran volumen; » 2º du fait que les pièces préliminaires du volume publié en 1609 sont toutes ou de 1602 ou de 1609, ce qui prouve qu'il n'y a pas eu d'éditions des *Rimas* (les contrefaçons barcelonaises ne comptent pas) entre ces deux dates. Mais l'*Arte* pourrait avoir été « composé » avant 1608. J'en conviens, si cependant un détail de ce discours ne semblait indiquer le contraire. Lope y avoue quatre cent quatre-vingt-trois *comedias* ; or, ce chiffre, comme l'a remarqué M. von Schack, est plus près du chiffre de cinq cents, que Pacheco reconnaît à Lope en 1609 (préliminaires de la *Jerusalem conquistada*), que de celui de deux cent dix-neuf, accusé par Lope lui-même dans la préface du *Peregrino* (1603).

membres d'une académie littéraire de Madrid [1], qu'il se décida à écrire le discours célèbre intitulé : « De

1. On ne sait à quelle académie Lope a voulu faire l'exposé du nouveau système dramatique ; pour ma part je ne serais pas éloigné de croire que le poète n'a pas entendu s'adresser à aucune compagnie en particulier, mais qu'il parle aux lettrés en général, à ceux qui avaient coutume de se réunir en *academias* pour se lire leurs vers. Une autre question se pose à propos de ce discours. L'*Arte nuevo de hacer comedias en este tiempo* serait-il le seul écrit de Lope sur son art ? Cela n'est pas sûr, et voici pourquoi. Personne, à ma connaissance, n'a pris garde à un passage fort curieux du *Para todos* de Juan Perez de Montalban (imprimé pour la première fois en 1632) qu'il importe de transcrire textuellement : « No hago aqui memoria de los passados, que las han escrito (les *comedias*)... porque frey Lope de Vega Carpio, con la gran noticia que en esta parte tiene, *ha escrito copiosa y cientificamente un tratado, solo en abono deste illustrissimo arte y exercicio, a cuya edicion, que saldra muy presto me remito* » (*Memoria de los que escriven comedias en Castilla*, à la fin). Ainsi, Montalban, fervent disciple de Lope et son ami intime, annonce, en 1632, comme devant paraître « très prochainement » un traité copieux et scientifique de son maître sur la *comedia*. Il devait savoir ce qu'il disait, et il est impossible qu'il ait voulu parler de l'*Arte nuevo* imprimé dès 1609, que le disciple connaissait mieux que personne et qui, de plus, n'est ni copieux, ni scientifique. Mais qu'est-il advenu de ce *tratado* ?

[« En terminant, je dois rappeler une allusion encore inexpliquée de Juan Pérez de Montalban, sur laquelle j'avais naguère attiré l'attention des érudits. Cet ami et disciple de Lope, dans sa la nouvelle manière de faire aujourd'hui les *comedias*. » Mais à le lire quelle surprise et quelle déception ! Au lieu d'un manifeste tapageur, d'une éclatante fanfare dans le goût, par exemple, de la préface de Cromwell, c'est une dissertation pâle et terne, mal composée et confuse, qui annonce avec toutes sortes de précautions l'avènement de l'ère nou-

Memoria de los que escriven comedias en Castilla solamente, qui fait suite au *Para todos* imprimé pour la première fois à Madrid en 1632, s'exprime en ces termes : « No hago aqui memoria de los passados que las han escrito (les *comedias*)... porque frey Lope de Vega Carpio, con la gran noticia que en esta parte tiene, ha escrito copiosa y cientificamente ur tratado, solo en abono deste illustrissimo arte y exercicio a cuya edicion, que saldra muy presto, me remito. » Montalban peut-il ici avoir voulu désigner l'*Arte* ? Il faudrait pour cela qu'il eût écrit le passage en question avant 1609, ce qui semble impossible, vu les auteurs qu'il cite dans sa *Memoria* et dont plusieurs ne se sont fait connaître que dès le second quart du XVIIe siècle, comme, par exemple, Quevedo, Calderon et Solis. On ne peut pas supposer non plus qu'écrivant après 1609 et vers 1632, il ait oublié aussi bien l'édition de 1609 que les réimpressions de 1613, 1621 et 1623, et annoncé comme devant paraître très prochainement une édition de l'*Arte*, qui eût été pour lui la première. Reste donc que Montalban a eu en vue un *tratado* de Lope, encore inédit en 1632, et dont nous ne savons rien que ce qu'il nous en dit. Avis aux chercheurs. » (*Arte nuevo*, *Bulletin Hispanique de 1901*)].

velle. Au lieu du cavalier castillan, aux moustaches retroussées et à la faconde pompeuse, qu'on s'attend à voir prendre la défense des jeunes et terrasser les vieux préjugés, c'est un docteur en robe longue qui, timidement et en s'inclinant devant Aristote et la compagnie, plaide les circonstances atténuantes. Lope, cela est visible, se sent mal à l'aise ; il n'a pas devant lui les banquettes des théâtres de Madrid, mais un auditoire de beaux esprits, qui représentent la haute culture littéraire de l'Espagne, et derrière eux, garnissant le fond de la scène, l'Italie et la France, dont il ne voudrait pas mériter le dédain. On a prétendu que Lope s'était ici joué des doctes et qu'à le bien entendre son *Arte nuevo* est, en une forme ironique, l'apologie détournée de la *comedia*. Rien de moins vrai : l'auteur parle sérieusement, et le jugement qu'il porte sur le théâtre espagnol de son temps est parfaitement sincère. Lope, il faut bien qu'on le sache, n'a jamais tenu le théâtre pour un art supérieur, un genre noble, il ne l'a jamais élevé au niveau des autres genres de poésie, il a toujours professé pour ses poèmes épiques et lyriques une beaucoup plus grande estime que pour ses *comedias*. Le ton de ce discours n'a donc rien en soi d'étrange, il est celui de toutes les préfaces lardées de citations latines et italiennes, encombrées de dissertations pédantesques à l'usage des fins lettrés, que Lope a mises à tous ses poèmes et à quelques-uns de ses drames, et où le poète abondant, gracieux et facile disparaît sous le critique, le puriste et le précieux.

L'*Arte nuevo* a le mérite d'être court, malheureusement il est écrit en vers blancs, forme dont ne s'accommodait guère le talent de l'auteur, qui avait besoin du cliquetis de la rime ou de l'assonance pour se produire agréablement : le style en est lourd et gêné [1]. Pour le fond, c'est plus que ne promet le titre, plus qu'un traité de la *comedia*, c'est un art dramatique, une dramaturgie, comme on dit depuis Lessing. On peut, malgré le désordre de la composition, y distinguer trois parties : un résumé des règles de la comédie et de la tragédie anciennes, d'après les docteurs de l'époque ; un aperçu très

---

1. C'est aussi à ce que je vois l'opinion de Luzan, homme de goût et de bon sens : « Dexando aparte la *negligencia y poca lima con que esta escrito y la cantidad de malos versos que tiene* » (*La Poética*, t. II, p. 63).

écourté de l'histoire du théâtre national ou barbare, comme le nomme le poète; puis, pour finir, et c'est le point essentiel, une théorie de l'art nouveau, une série de préceptes touchant les divisions, la versification et le style de la *comedia*. Laissons les généralités, les considérations sur l'art des anciens. Aussi bien croyons-nous volontiers Lope sur parole lorsqu'il nous dit qu'avant l'âge de dix ans il avait déjà repassé les poétiques; il s'agit, ne l'oublions pas, d'un sujet singulièrement précoce, et quand il aurait exagéré, peu importe; il savait certainement tout ce qu'homme de son temps pouvait savoir, qui avait passé par Salamanque ou Alcalá et avait lu les commentateurs italiens d'Aristote [1].

Mais s'il connaît les règles, pourquoi ne les observe-t-il pas? Pourquoi, lorsqu'il se met à composer, son premier soin est-il de les « enfermer sous triple serrure, d'enlever Plaute et Térence de son cabinet pour ne pas entendre leurs lamentations »?

---

[1]. L'Aristote de Lope est celui de Francesco Robortello d'Udine, auteur d'un commentaire de la *Poétique* et d'une *Explicatio de comoedia*. Notre Corneille aussi se réclame de l'autorité de cet Italien du xvie siècle.

Pourquoi ? C'est que le public, qui est ici la masse des illettrés, le *vulgo,* a perdu là notion de ces choses ; des barbares sont venus qui ont gâté son goût, l'ont habitué à des *rudesses,* auxquelles il faut maintenant sacrifier, sous peine d'encourir sa disgrâce. « Parlons-lui donc le langage des sots pour lui plaire, puisqu'il nous paye. » Sur ces corrupteurs du goût, Lope ne s'explique pas, il oublie de nous les désigner. Le seul auteur antérieur à son temps qu'il nomme est Lope de Rueda, le batteur d'or de Séville, qui, comme Molière, composait et jouait ses pièces, et pour le louer d'avoir observé la distinction du comique et du tragique, d'avoir écrit de vraies comédies, où l'action reste humble et plébéienne. Malheureusement il est descendu trop bas, et ici le noble Lope, l'*hidalgo* de la Montagne, se révolte. Comment ! Rueda a été jusqu'à introduire sur la scène des artisans (*mecánicos oficios*), l'amour de la fille d'un forgeron ! Cela n'est pas tolérable, aussi ses comédies se sont-elles noyées dans la farce, on les nomme maintenant intermèdes (*entremeses*)[1] : « l'art s'est

1. Conformément à ce qui est dit ici de la manière ancienne de Rueda, un poète du xviie siècle, grand admirateur de Lope,

dégradé par bassesse de style. » Puis d'autres ont mêlé les genres, « mis le roi dans la comédie ». Encore ici Lope ne cite personne, et pourtant il est des noms qui s'imposaient, celui de Juan de la Cueva, entre autres; mais ce poète vivait et Lope a toujours été très attentif à ménager le prochain, un peu sans doute pour en être payé de retour [1].

Solas Barbadillo, a dénommé *comedias antiguas* les intermèdes qu'il a composés. Dans ses *Coronas del Parnaso y platos de las Musas* (Madrid, 1635), la partie des *entremeses* s'annonce ainsi : « Quatro *comedias antiguas*, que el vulgo de España llama *entremeses*. » *Comedia antigua*, par opposition à la *comedia nueva* de Lope et son école. C'est donc à tort que M. Menéndez Pelayo (*Historia de las ideas estéticas en España*, t. II, p. 442) pense que Salas Barbadillo, lorsqu'il dit quelque part qu'il a voulu « observar del *arte antiguo* todo aquello que no fuesse aspero ni desapacible para el siglo que corre », fasse allusion à l'art des anciens, à l'art classique : par *arte antiguo*, comme par *comedia antigua*, il entend la vieille manière espagnole, celle de Rueda, celle aussi des *Célestines*.

1. En ce qui concerne Jean de la Cueva, on ne voit pas très bien si Lope a évité de le nommer, considérant les tragicomédies de cet auteur comme une faute envers l'art, ou si, au contraire, il n'a pas voulu lui faire, en le citant, l'honneur de cette innovation, payant par cette omission le silence presque injurieux de la Cueva, qui dans son *Egemplar poético* (achevé de composer en 1606, mais non imprimé) n'avait pas dit un mot de Lope.

Quoi qu'il en soit, un fait se dégage de ce passage : la corruption du goût, c'est-à-dire, selon notre auteur, la confusion des genres, que l'école avait enfermé dans d'étroites limites, était fait accompli au moment de l'avènement de Lope. Impossible de remonter le courant. Que restait-il à tenter ? Des améliorations de détail, mettre un peu d'ordre dans ce désordre, et c'est à quoi Lope consacre la dernière partie de son discours.

Il est entendu d'abord qu'on renoncera à séparer le tragique du comique, une telle affectation de purisme serait maintenant déplacée. Ainsi Sénèque et Térence, mis aux prises dans un même drame, en rendront une partie sérieuse, l'autre plaisante ; cette variété plaît beaucoup, et la nature nous enseigne à combiner le gai et le sévère. L'unité d'action est indispensable ; point d'épisodes qui en troublent le développement et lassent l'attention du spectateur. Quant à l'unité de temps, le fameux tour de soleil ne peut

Il est remarquable aussi que le nom de la Cueva ne figure pas dans le *Laurel de Apolo*, où défilent, comme on sait, à peu près tous les *ingenios* d'Espagne, depuis les vraiment grands jusqu'au plus menu fretin.

plus être observé. Il suffit que l'action marche aussi vite que possible, et si le poète a choisi une histoire qui doit durer plusieurs années, ou s'il est contraint de transporter d'un lieu dans un autre tel personnage, qu'il fasse en sorte que ces laps de temps s'écoulent et que ces déplacements se produisent dans l'intervalle des actes. Combiner les incidents de la fable de façon que l'action s'accomplisse en une journée, il n'y faut point songer. Nos Espagnols, dit Lope, ne s'en arrangeraient pas : « Une fois assis au spectacle, ils veulent qu'en deux heures vous leur représentiez une histoire qui commence avec la Genèse et aboutit au Jugement dernier [1]. »

Le sujet trouvé, l'auteur l'écrira d'abord en prose ; il le divisera en trois actes, essayant, si possible, de les renfermer chacun dans l'espace d'un jour. Jadis la *comedia* avait quatre actes, elle était alors dans son enfance, et, comme les enfants, marchait à quatre pattes [2] ; mais en vieillissant elle en a perdu un, et

---

1. Lope ne parle pas du tout de l'unité de lieu, mais, en revanche, il recommande quelque part de laisser le moins possible la scène vide.
2. Et Lope ajoute qu'il lui arriva aussi, « à l'âge de onze ou

c'est au capitaine Virues, auteur de la seconde moitié du xvie siècle, que Lope attribue cette réforme, ne prévoyant pas que d'autres, et par exemple Cervantes, en revendiqueraient l'honneur, si honneur il y a [1].

Des conseils touchant la composition du drame et la conduite de l'action, je n'en retiendrai qu'un, parce qu'il est caractéristique et qu'il marque qu'en un point la *comedia* espagnole marche de concert avec notre tragédie française. Il s'agit de la suspension de l'intérêt. Un peu hésitant sur le moment précis où il convient que l'action se noue, il recommande à

douze ans », de composer des *comedias* en quatre actes. Cette division, qui succédait à la forme classique des cinq actes conservée par Torres Naharro, est celle de Juan de la Cueva, qui s'en déclare l'initiateur (*el un acto de cinco le he quitado*), de même qu'il prétend avoir le premier introduit sur la scène comique « des rois et des divinités ».

1. On sait, depuis Moratin, que le premier Espagnol qui ait eu l'idée de la division en trois actes est un nommé Francisco de Avendaño, auteur d'une *comedia* imprimée en 1553. Cervantes, lui, s'est vanté à deux reprises (préface de ses *Comedias* et prologue du *Rufian dichoso*) d'avoir « réduit à trois les cinq actes » de l'ancienne comédie, mais il oublie la première *réduction* de Jean de la Cueva, et il oublie que lui-même a composé en quatre actes sa *Numancia*.

deux reprises, et de la façon la plus pressante, de ne laisser entrevoir sous aucun prétexte l'issue du drame, de retarder le dénouement jusqu'au milieu au moins du dernier acte. Le public, prévenu trop tôt de la solution du problème, se désintéresse de la pièce et n'éprouve nulle envie d'en entendre plus long. Il tourne le dos à la scène et prend la porte [1]. Sur cette bande étroite de terrain, le théâtre espagnol, ai-je dit, tend la main au nôtre ; tous deux ont voulu

1. « Suspendre l'intérêt » : l'expression revient souvent chez les auteurs espagnols de cette époque. « La *suspension hasta el fin*... Que conocer al principio Los sucesos del fin della (de la *comedia*). Ni es de mano artificiosa Ni es de obra de ingenio llena » (*Romance á un licenciado que deseaba hacer comedias*, par Carlos Boil, dans *Norte de la poesia española*, Valence, 1616); et José Pellicer loue Perez de Montalban d'avoir su « tenir le public indifférent et neutre jusqu'à la seconde scène du troisième acte, qui est le moment où il commençait à débrouiller le labyrinthe » (*Idea de la comedia de Castilla*, dans *Lagrimas panegiricas á la temprana muerte del gran poeta... D^{or} Juan Perez de Montalban*, Madrid, 1639). Ce Montalban lui-même, dans le prologue du tome premier de ses *Comedias* (Alcalá, 1638), observe qu'au théâtre « la tournure de la dame, la prestance du premier rôle la cadence des mots, la musique des rimes et la *suspension des sentiments* (*afectos*) trompent les oreilles les plus attentives » et font passer sur bien des défauts de pensée et de style.

que l'intérêt fût adroitement suspendu et que la curiosité du spectateur ne reçût entière satisfaction qu'au moment même de la catastrophe.

Après la composition, l'élocution. Dépouillé de lieux communs sur les convenances que doit observer le poète, ce passage se réduit à quelques règles sur l'emploi de la versification et des figures de mots et de pensées. Nous avons vu que Lope conseille de rédiger d'abord en prose comme une ébauche de la *comedia*. Lui-même, qui rimait avec une aisance restée proverbiale, qui pensait presque en vers, se pliait-il à cette exigence ? J'en doute, et tout ce qu'on sait de la façon de composer des poètes dramatiques du XVIIe siècle, tout ce qu'on surprend de leur travail intime dans les manuscrits qu'ils ont laissés, prouve, si je ne me trompe, que chez eux l'inspiration revêtait immédiatement la forme du rythme. D'ailleurs, qu'un premier jet en prose soit ou non le point de départ, c'est au vers qu'il faut aboutir. Toute *comedia*, dès la fin du XVIe siècle, est versifiée ; d'exception à la règle, il n'en existe point, mais toutes ne le sont pas de la même manière, ou plutôt, comme la variété est le trait distinctif de cette versification, il en résulterait que, suivant les époques, tel genre de vers ou de strophe a joui de plus ou moins de faveur, et que les caprices de la mode ont fait dévier les poètes des préceptes que voici de leur chef de file : « Les plaintes, dit-il, s'expriment bien en dizains, le sonnet convient à celui qui attend (le monologue), les récits réclament la romance, quoiqu'ils produisent en octaves un bel effet, les tercets se prêtent aux pensées graves et les quatrains aux amours. » Lope omet ici plusieurs combinaisons rythmiques dont il a fait souvent un très heureux usage [1], mais ce qu'il énumère est bien, en effet, l'essentiel, et non seulement les dramaturges venus à sa suite n'ont rien ajouté à ce fonds, mais ils l'ont notablement diminué ; la versification de Calderon, par exemple, est beaucoup moins variée que celle de son grand prédécesseur. Parmi les figures que recommande Lope, il en est une que je dois signaler, c'est le « parler équivoque ou ambigu » qui, ajoute-t-il, « réussit si bien auprès du *vulgo*, car chacun croit

1. La *lira*, strophe de cinq ou six vers, la *silva*, combinaison libre de vers de onze et de sept syllabes généralement à rimes plates, etc.

qu'il est seul à comprendre ce que dit l'acteur ». La recommandation, j'en conviens, ne va pas sans une pointe d'ironie, mais la simple mention de ce pauvre artifice montre assez l'importance qu'y attachaient et les auteurs et le public, et quels ravages il causait déjà dans le style de la *comedia*.

Et quand Lope a épuisé la rhétorique, son discours est fini ou à peu près. Quelques avis encore sur la dimension du nouveau drame, — quatre cahiers (*pliegos*) par acte, en tout douze, c'est la bonne mesure [1] — puis sur le costume des acteurs,

---

1. Douze *pliegos*, c'est-à-dire quarante-huit feuillets, du format in-quarto moyen, le *pliego* (nommé aussi *duerno*) se composant de quatre feuillets. Lope parle ailleurs (*Peregrino en su patria*, éd. de 1618) « de cinquante *hojas* », ce qui revient à peu près au même. Douze cahiers ou quarante-huit feuillets, c'est en effet, depuis Lope, la dimension régulière et constante de la *comedia*. Quevedo, dans sa fantaisie satirique intitulée : *El entretenido, la dueña y el soplon*, fait dire au *poeta de los picaros* : « Esta mejor ocupado un ingenio en gastar *doce pliegos* de papel de entradas y salidas y marañas para casar un lacayo sin amonestaciones ? » (Ed. Fernandez-Guerra, t. I, p. 372). Lorsque Lope et Montalban, qui collaboraient ensemble à la *Tercera orden de San Francisco*, durent, pressés par le temps (ils avaient en tout trois jours pour écrire la *comedia* et la faire répéter), se partager le troisième acte, « chacun de nous, dit Montalban, écrivit ses *huit feuillets* » : l'acte

qui doit être approprié à leurs rôles — « ne mettez point de col au Turc ni de hauts-de-chausses aux Romains ». Après quoi Lope tire sa révérence aux académiciens; mais en les quittant, il ne résiste pas à l'envie de les railler doucement, comme pour se venger d'avoir été mis sur la sellette et contraint de confesser ses péchés envers l'art, qu'il respectait comme eux, qu'il ne violait vraiment qu'à son corps

entier en avait donc seize et les trois quarante-huit. Une *comedia* qui dépasse le nombre traditionnel de douze cahiers est tenue pour longue : « Consideró el auditorio que si con estos versos continuaba el referir *una larga comedia de quince pliegos*, que seria darles a cada uno un tabardillo. » (Castillo Solorzano, *La Garduña de Sevilla*, éd. Rivadeneyra, p. 233.) Ces douze cahiers s'entendent non du texte imprimé, mais du texte écrit, et en effet tel est généralement le volume des manuscrits de *comedias* que conservent nos bibliothèques. Traduite en lettres de forme, la *comedia* ne couvrait plus guère qu'une vingtaine de feuillets : Perez de Montalban se plaint des imprimeurs qui, « pour économiser le papier, la mettent en quatre *pliegos*, quand il lui en faudrait huit. » (Prologue de ses *Comedias*, Alcalá, 1638.) [« Por el ahorro del papel aun no cabales (pues donde acaba el pliego acaba la jornada, y donde acaba el cuaderno acaba la comedia. » (*Cuarta parte* de Calderon)... « nueve pliegos de coplillas », dans Suarez de Figueroa, *Plaza universal de todas las ciencias y artes*, Madrid, 1615, p. 323].

défendant. « Oui, s'écria-t-il, je suis un barbare ; que l'Italie et la France me taxent d'ignorant, j'y consens, mais qu'y puis-je faire ? Si, avec celle que je viens d'achever cette semaine, j'ai déjà composé quatre cent quatre-vingt-trois *comedias*, qui, toutes, excepté six, ont gravement péché contre l'art. » Excepté six ! Depuis 1608, des académiciens cherchent ces six *comedias* et ne les trouvent point. C'est peut-être bien qu'elles n'ont jamais existé.

De ce que l'*Arte nuevo* finit par une boutade, il n'en faudrait pas conclure, je le répète, que les déclarations de Lope sur la barbarie de son théâtre fussent le moins du monde affectées. Sans doute, il ne pouvait pas faire entièrement abstraction de ses titres de dramaturge adoré de la foule et de maître incontesté de la scène nationale, — cinq cents drames sont un bagage assez compromettant et dont ne se débarrasse pas qui veut. Peut-être aussi pressentait-il déjà que son œuvre dramatique serait un jour sa vraie gloire et préserverait mieux son nom dans la postérité que sa *Jérusalem conquise*, son panégyrique de saint Isidore, patron de Madrid, ou *La Beauté d'Angélique* ; mais tout autant que les académiciens,

Lope était convaincu de l'infériorité de la *comedia* comparée aux autres formes de la littérature sérieuse. « Affaire de pur métier; l'art n'est pas en cause ici ; nous ne pensons qu'à contenter le parterre. » Voilà ce qu'il répète sur tous les tons et dans son discours et ailleurs. Il faut voir comme il se fait petit quand il s'adresse aux lettrés, aux *ingenios científicos* [1],

[1]. Le *científico*, selon Lope, est l'homme qui a fait ses humanités, qui s'est, pour parler à l'espagnole, baigné dans les eaux du Tórmes ou du Henares, qui a passé par les grands collèges ou l'université. Ainsi Cervantes n'était pas un *científico*, et Lope le lui a fait entendre (Prologue de sa nouvelle *Las fortunas de Diana*), il n'était qu'un simple *lego* (*laïcus*). Ces lettrés de culture latine (ou italienne), Ricardio de Turia, dans son Apologie des *comedias*, les nomme « *les mécontents*, secte de beaux esprits, qui prouvent la supériorité de leur doctrine et de leur talent en recevant avec des nausées tout ce qui a le malheur de s'offrir à leur censure. » C'est évidemment en réponse aux jugements dédaigneux de ces humanistes que le philistin, quoique docteur, Juan Perez de Montalban (celui que Quevedo nommait plaisamment *retacillo de Lope de Vega*) a qualifié quelque part la *comedia* de « nobilissimo y *científico* arte » (*Memoria de los que escriven comedias en Castilla*, article de Mira de Amescua). [« Forastero. Algunos doctos y cortesanos habra tambien, que agradezcan á los poetas sus estudios, con diferencia de los buenos á los no tales, de los *legos* à los *científicos* », etc. (Lope, *Parte XVI*, 1622); Dialogue-préface entre un *Forastero* et le Théâtre... « Y

comme il les nomme. En dédiant au duc d'Alcalá, un antiquaire andalou, son drame intitulé *Lo cierto por lo dudoso*, il dira qu'il a choisi quelque fruit rustique de son humble *vega* pour l'offrir à un si haut personnage, et que puisqu'il est bien entendu qu'en Espagne les *comedias* n'observent pas de règles, il ose compter sur son indulgence. Au fameux cavalier Marini, le Gongora d'Italie, il a soin de faire observer qu' « en Espagne on ne respecte pas l'art; non pas par ignorance, car les fondateurs du théâtre natio-

pues con perversas coplas, que ellos (los *autores*) hacen, quieren quitar el nombre á los poetas *cientificos*, hurtando lo que no saben, no hagan vanas quimeras de injustas quejas... » (Préface de Lope : *Parte XVII, 1622*)... « Los poetas que los escriben (las comedias) con erudicion, aunque pocos, puesta que no siempre agradan al vulgo, son dignos de estimacion ; pero los *legos ignorantes*, aunque alguna vez le agraden y contenten hablandole en su lengua, no aspiren á mas fama que las medicos empericos que curan sin arte » (Prologue de la *Parte XIII*). ... « Y porque en España no tienen preceptos (las comedias) no ofendera su grave juicio en todo genero de letras, asi la disposicion de su contexto, como el ornato de sus versos, que en esta ocasion tanto temor pone á todo *ingenio cientifico* ; que á los vulgares en qualquiera calidad, no hay que tener respeto » (Dédicace à D. Fernando Afan de Ribera, duc d'Alcalá, de *Lo cierto por lo dudoso*, de Lope de Vega).]

nal, Rueda et Naharro, l'ont gardé, mais par la faute de ceux qui leur ont succédé[1] ». Dans l'amusant dialogue entre le Théâtre et le Poète, qui ouvre la XIXe partie de ses *Comedias*, Lope fait dire au Théâtre : « Qu'est-ce donc ? Allez-vous disputer avec Scaliger de la division et des parties de la *comedia* ? A quoi le Poète répond que les Espagnols n'ont cure de cela et que pour lui il est bien décidé à s'en remettre sur ces questions « au licencié Ironie de Conculcabis dans le livre futur qu'il doit imprimer à Rome. — Et que dit ce livre ? demande le Théâtre. — Jusqu'à présent il n'a rien dit ». A plusieurs reprises aussi Lope proteste qu'il n'a point écrit ses *comedias* pour être imprimées, « pour que des oreilles du théâtre elles passassent à la critique du cabinet[2] ». Et quelle distance ne met-il pas entre cette littérature de pacotille et ses œuvres *cientíﬁcas !* Au docteur Gregorio Lopez de Madera, en lui envoyant son *Arcadia* : « De ces *comedias*, j'en ai

---

1. Dédicace de *Virtud, pobreza y mujer* (Parte XX, Madrid, 1625).
2. Par exemple dans le prologue de la *Parte IX* (Madrid, 1618).

beaucoup écrites, car dès un âge fort tendre je me suis senti une disposition particulière pour ce genre de poésie, ce qui ne m'a pas empêché d'emprunter aux Muses un style plus sublime, que j'ai souvent employé dans des œuvres sérieuses [1]. » Il confie encore à un évêque de Guadix que si les lettres trouvaient en Espagne une protection efficace « il aurait essayé quelque chose de plus digne de la renommée, mais que voyant le plus grand nombre prendre le chemin du théâtre, il a préféré les applaudissements qui enrichissent à une réputation peu sûre [2] ».

La médiocre importance qu'il semble attacher à son rôle de réformateur du théâtre, d'inventeur de la *comedia nueva* est remarquable. Dans son *Arte nuevo* il ne réclame rien, il a suivi le courant, voilà tout. Plus tard, lorsque son nom est dans toutes les bouches, que les directeurs de théâtre s'arrachent ses pièces, ses prétentions ne s'élèvent guère. Lisons le prologue de la XIV° partie de sa collection drama-

1. *Parte XIII*, Madrid, 1620.
2. « He seguido con mas gusto el agradecimiento provechoso que la opinion dudosa » (*Parte XVII*, Madrid, 1622).

tique, datée de 1620. Le Théâtre porte la parole : « Voici, dit-il, la XIV⁰ partie des *comedias* qui ont été représentées sur mes planches et qui sont de l'auteur auquel je dois, sinon mes commencements, au moins mes progrès dans la langue d'Espagne, de celui qui a frayé la route aux autres talents rares qui l'ont suivi et dont on peut espérer de plus grandes choses encore, car il est devenu si facile d'écrire des *comedias*, j'entends de celles qui sont *hors l'art*, que les entrepreneurs ne peuvent se délivrer de la persécution des poètes. » Et l'année suivante, en 1621, ce même théâtre, parlant pour Lope au prologue de la XV⁰ partie, déclare que « l'auteur ne cherche point à se singulariser ni à nier le mérite des autres, il ne leur demande nulle reconnaissance pour avoir habillé la *comedia* de l'habit qu'elle porte maintenant, car ayant, comme il a, assez de littérature pour se faire lire en Italie et en France, peu lui importent ces *fleurs sauvages*, etc. ».

Ce n'est vraiment que sur le déclin de sa carrière, revenu de quelques illusions et meilleur juge de son œuvre immense, qu'il se sent pris d'une sorte de tendresse quasi posthume pour ces drames barbares, cette littérature subalterne et de rapport qu'il avait si longtemps dédaignée. Témoin des progrès étonnants du théâtre, de la vogue extraordinaire des *comedias*, Lope fait, non sans quelque amertume, un retour sur lui-même, il laisse échapper comme des regrets, une protestation à mots un peu couverts : « Et pourtant c'est moi qui... » L'églogue à Claudio, une des dernières œuvres du poète, composée vers 1632, trois ans avant sa mort, trahit bien cet état d'esprit. Tout le bagage du poète y est passé en revue et discuté, le théâtre vient à son rang, le dernier. « Si maintenant, Claudio, j'énumère le nombre infini de mes fables dramatiques (*fabulas cómicas*), tu te refuseras à croire à tant de papier noirci, tant d'imitations, tant de fleurs parées en couleurs de rhétorique. Je t'en offre quinze cents, dont plus de cent ont passé en moins de vingt-quatre heures de ma muse au théâtre... C'est à moi que l'art de la *comedia* doit ses commencements, quoique je me sois écarté des rigueurs de Térence et que je ne prétende pas nier la part qui revient aux trois ou quatre grands esprits qui ont vu l'enfance du théâtre. » Et après avoir décrit les personnes, les conditions, les caractères qu'il a portés sur la scène [1], il termine en s'écriant encore : « A qui doit-on, Claudio, tant de définitions de la jalousie et de l'amour ? A qui tant de mouvements de l'âme ? A qui autant de figures que la rhétorique en a pu inventer ? Aujourd'hui on ne fait plus qu'imiter ce que le talent a créé hier : le chemin est ouvert, tout le monde s'y pousse [2]. »

On voit la distance parcourue depuis l'*Arte nuevo*, où il ne s'accordait pour ainsi dire rien, et les dédicaces, les prologues où il traitait les *comedias* de fleurs sauvages que le hasard a fait éclore. Les ans sont venus et le vieillard s'aperçoit qu'il pourrait payer cher ces airs de dédain pour la partie populaire de son œuvre ; d'autres se parent déjà de ses plumes, il

---

1. La variété des personnes et la copie fidèle de leurs allures (surtout celles des classes inférieures), voilà ce qui étonnait et charmait les contemporains de Lope. « La introducion de las personas graves en Lope y el decoro, por la mayor parte, es singular, y singularissima la de las personas humildes. Todas las vezes (y son casi inumerables) que introduxo villanos de todos oficios, no puso figuras en el tablado, sino los propios villanos » (Prologue de la *Parte XXIII*, posthume, Madrid, 1638).

2. *Egloga á Claudio*, dans les *Obras sueltas* de Lope, t. IX, p. 355 et suiv.

se souvient du *sic vos non vobis*. Pour la postérité, à qui il songe ici plutôt qu'à ses contemporains, il veut marquer sa place, dire une fois, sans zèle ni colère, mais avec pleine conviction, ce qu'il a donné de son génie à la *comedia* et ce que les autres lui ont emprunté.

De ces divers aveux du poète et de ce que nous savons d'ailleurs de l'histoire du théâtre en Espagne, la conclusion est facile à tirer. Lope, à la fin du XVIe siècle, a reçu de ses prédécesseurs un drame mal agencé, de genre composite, de forme hésitante, tantôt divisé en quatre actes, tantôt en trois, drame diversifié, mais où la répartition des rythmes était trop abandonnée au caprice des auteurs. Ce drame, il l'a adopté tel quel, parce que le public espagnol y avait pris goût, mais d'embarrassé et d'inerte qu'il était, il lui a donné de la vie et de l'équilibre. Le cadre en était étroit, n'admettait qu'un nombre restreint de sujets : il l'a extraordinairement élargi, il y a introduit tout ce qui pouvait fournir matière à situations dramatiques, la Bible et la mythologie, les vies des saints et l'histoire ancienne, les chroniques et les légendes du moyen âge, les nouvelles des Italiens, les événements contemporains, la vie espagnole au XVIIe siècle. Avant lui les mœurs, les conditions des personnes et les caractères étaient à peine esquissés : il a mieux observé et mieux décrit, il a créé des types et prêté à chaque espèce sociale le langage et les allures qui lui sont propres ; il a, autant que cela était dans ses moyens et que le lui permettait l'extrême rapidité avec laquelle il composait, dessiné quelques caractères. L'ancienne *comedia* versifiait assez pauvrement et gauchement : il a réglé l'emploi de tous les rythmes de la poésie nationale, depuis les vieux couplets des romances jusqu'aux combinaisons les plus rares des genres lyriques empruntés aux Italiens. Voilà l'œuvre de Lope ; telle qu'elle est, elle suffit amplement à sa gloire.

Mais n'écoutons pas que celui qui est juge en sa partie, interrogeons les autres, les contemporains et les émules. Il y a, dans la littérature de l'époque, deux partis en présence, celui des critiques, des *cientificos*, des pédants de collège, qui méprisent les *comedias*, et il y a celui des poètes populaires, des *laïcs* (*legos*), comme on disait alors, qui se moquent des règles et, à défaut d'études, se contentent des ressources de leur imagination. Tous sont d'accord, tous tiennent Lope pour un initiateur, un chef d'école : aux premiers il apparaît comme le grand coupable, le corrupteur par excellence de la poésie dramatique; pour les seconds c'est un dieu, c'est Apollon en personne. Une telle unanimité d'appréciation est surtout remarquable chez ceux-ci, chez les rivaux, qui, par jalousie de métier, auraient pu contester les titres de Lope et le rabaisser. Aucun d'eux ne l'a fait, aucune note discordante ne s'est élevée dans leur grand concert d'éloges. Cervantes lui-même, blessé dans son amour-propre d'auteur dramatique que le public a délaissé et qui dans un passage célèbre (qu'a imité notre Boileau [1]) a sans ména-

---

[1]. *Don Quixote*, part. I, ch. 48. « Qué mayor disparate puede ser, en el sujeto que tratamos, que *salir un niño en mantillas en la primera escena del primer acto, y en la segunda salir ya hecho hombre barbado ?* ». De là les vers de l'*Art poétique* : « Là souvent le héros d'un spectacle grossier, *Enfant au premier acte, est barbon au dernier.* » Le premier auteur qui ait fait ce rapprochement me semble être Martinez de la Rosa (*Obras literarias*, édit. de Paris, 1845, p. 212) et ce critique nous apprend encore que Cervantes n'a pas inventé cet enfant et ce barbon, car on retrouve la même idée et la même expression dans un livre du XVIe siècle, la *Filosophia antigua poética*, de Lopez Pinciano, p. 190.

gement mis à nu les vices de la *comedia nueva*, s'incline devant l'idole toutes les fois qu'il la rencontre sur son chemin : c'est de lui qu'est le mot devenu classique de « monstre de la nature », si souvent appliqué à Lope et dans le sens le plus favorable [1]. Les autres ne tarissent pas : Lope est l' « honneur du Manzanares, le Cicéron de Castille, le phénix de notre nation [2] », il est le « prodigieux monstre espagnol, un nouveau tostado envers [3] », il est l' « Adam » de la *comedia* [4]. Parmi ceux mêmes qui avaient le plus de droit de faire valoir leur part de collaboration à l'œuvre nouvelle, je veux parler des poètes de Valence, des Guillen de Castro, des Aguilar, des Tarrega, il n'en est aucun qui refuse de rendre hommage au maître. « Prince des poètes dramatiques de notre temps et même des temps passés », le nommé Ricardo de Turia [5], et Guillen de Castro répète, ou

1. Prologue des *Comedias* de Cervantes (1615).
2. Tirso de Molina, *Cigarrales de Toledo*, éd. de Barcelone, 1631, f. 70.
3. Velez de Guevara, *El diablo cojuelo*, éd. Rivadeneyra, p. 29b.
4. Enriquez Gomez, Prologue du *Samson Nazareno* ; dans La Barrera, *Catálogo*, p. 135.
5. *Apologético de las comedias españolas*.

trouve de son côté le mot de Cervantes, « monstre de la nature [1] ». Il serait difficile, on le voit, de rencontrer dans l'histoire un poète qui, de son vivant déjà, ait joui d'une plus complète apothéose.

Reste maintenant à savoir si le drame nouveau, la *comedia* de Lope, a mérité la fortune extraordinaire qu'il a obtenue dans son pays d'origine, la réputation immense que lui a faite la complicité des poètes populaires et du *vulgo* d'Espagne. Autrement parlant, le théâtre espagnol, tel que l'ont façonné Lope et ses disciples, occupe-t-il dans la littérature moderne un poste d'honneur à côté de notre tragédie et de notre comédie, à côté de Shakspeare, ou, s'il ne l'occupe pas, quels motifs l'ont empêché de le prendre ?

Il faut tout dire en un mot. La *comedia*, œuvre grande tant qu'on la considère en soi et ne la sort pas de son milieu, perd singulièrement de son importance sitôt qu'on l'introduit dans l'enceinte de la littérature générale et qu'on la compare à d'autres productions du même ordre. Quel genre d'intérêt

---

1. Dans le *Curioso impertinente*, publié pour la première fois en 1621.

excite aujourd'hui chez les lettrés français, anglais, allemands ou italiens le théâtre espagnol du xviie siècle ? Un intérêt de curiosité, rien de plus. Et l'on peut affirmer que si cette *comedia* n'avait pas, en un temps, cédé quelques parties de ses richesses, j'entends de ses sujets, à d'autres théâtres européens, nous imposant ainsi la tâche de l'étudier, non pas pour elle-même, mais pour ce qu'elle a suscité au dehors, bien peu, même parmi les dénicheurs de choses rares, les amateurs d'étrangetés, prendraient la peine d'y jeter les yeux. Même à l'époque de sa plus grande splendeur, alors que les circonstances politiques se prêtaient admirablement à la diffusion de la langue et de la littérature espagnoles, la *comedia* n'a jamais été acceptée et imitée comme l'a été pendant un siècle la tragédie française ; on n'y a vu qu'un répertoire de situations, un vaste magasin d'intrigues et de jeux de scènes, où il a paru longtemps commode de venir s'approvisionner. La forme de ce drame, ses divisions, ses rôles, ses *emplois*, son style et sa versification ont été totalement négligés : en franchissant les Pyrénées, il a dû, pour nous plaire et plaire par nous aux autres nations, prendre l'habit à la française et renoncer à son accoutrement de *caballero* espagnol. Or, dans une œuvre d'art, la forme c'est beaucoup, c'est presque tout. Si pour en rendre l'idée accessible, il est nécessaire de la dépouiller de son vêtement, de retrancher les ornements qui, à l'origine, en faisaient le charme, ornements jugés essentiels par ceux qui l'ont créée et qui l'ont les premiers applaudie, qu'en reste-t-il ? Peu de chose. Notre tragédie, au contraire, a passé nos frontières intacte, avec ses sujets, ses procédés de composition, ses confidents, ses récits et son vers. Fond et forme, on nous a tout pris ; tandis que le drame espagnol a dû subir, pour être reçu chez les autres, une métamorphose complète, et c'est seulement au prix du sacrifice considérable de ses plumes et de ses rubans qu' « il a réussi à faire quelque figure sur le grand théâtre du monde ».

D'où vient cela, et à quelles causes rapporter cette dépréciation au dehors d'une œuvre si prisée et si prônée au dedans ? J'en trouve plusieurs. Il en est qui tiennent même à la nature de ce drame, à la direction que lui a imprimée son inventeur, et d'autres, plus générales, qui dépendent du tempérament de la race.

Pour ce qui est des premières, la transgression de la règle des unités, est-il besoin de le dire? nous touche fort peu, et plus indulgents que Lope lui-même pour son théâtre, nous l'absolvons sans effort des libertés qu'il a jugé nécessaire de prendre avec ces fameuses conventions qu'il nomme l'*art*, conventions qui, à coup sûr, ont été souvent la cause de grandes beautés, mais auxquelles nul ne reconnaît plus force de loi. De même la confusion des genres ne nous choque guère, et je ne pense pas qu'il se trouve aujourd'hui personne pour la lui reprocher sérieusement. La critique qu'il y a lieu d'adresser à ce poète et à son école a une portée plus générale.

Je me suis efforcé déjà de mettre en évidence ce fait capital que la *comedia*, de par la volonté expresse du maître et de son aveu constant, n'a pas accès au sanctuaire de la haute littérature. Drame essentiellement populaire [1], conçu et écrit pour satisfaire la

1. L'expression est déjà dans Luzan, que je me plais à citer parce que les critiques espagnols de nos jours, qui sont loin de le valoir, affectent de le traiter de perruque; Luzan donc a parfaitement vu que « la Dramatica Española sè debe dividir en dos clases, *una popular*, *libre*, sin sujecion a las reglas de los antiguos, que nacio, echo raices, crecio y se propago increiblemente entre

curiosité et les passions de la nation espagnole sans distinction de classe, qui n'exige du spectateur aucune préparation, aucune culture raffinée, qui n'aspire qu'aux applaudissements du parterre ignorant et grossier, et craint même d'être transporté des planches du théâtre sur les feuillets du livre, telle est la *comedia* dans l'esprit de Lope et de son entourage. Ce qui devait résulter de cette conception, admissible en soi d'ailleurs et que je n'entreprends ni de blâmer ni de louer, est aisé à prévoir. Point de public lettré et délicat, partant point d'étude approfondie des caractères et des passions, point de composition, point de style. On ne peut pas contenter tout le monde, et qui veut attirer le *vulgo* doit lui plaire par des procédés à son usage. Malheureusement, un genre quel qu'il soit, s'il veut survivre à l'engouement momentané d'un milieu, ne saurait se passer de qualités de forme vraiment supérieures, et la *comedia* du XVIIe siècle, sauf de rares exceptions, s'en passe. Tous

nosotros ; y otra que se puede llamar erudita porque solo tuvo aceptacion entre hombres instruidos » (*La poética*, t. II, p. 5). Cette seconde espèce, la poésie *érudite*, ne compte, on le sait, aucune pièce représentable.

ces auteurs, sachant à qui ils avaient affaire et le peu qu'ils avaient à ménager, produisaient beaucoup trop vite et produisaient beaucoup trop. Inutile de rappeler tant d'exemples d'improvisation au pied levé, de fabrication sur commande à la journée et à l'heure, tant de tours de force qui, hélas! ne sont point des tours de génie [1]. Les plus habiles devaient perdre à

[1]. J'ai fait allusion plus haut à ce troisième acte de la *Tercera orden de San Francisco*, que se partagèrent Lope et Montalban pour aller plus vite. On était au soir, le directeur du théâtre de la Cruz se désespérait, il lui fallait absolument sa *comedia* pour le lendemain. Montalban resta à coucher chez Lope, et pour ne pas se laisser gagner de vitesse se leva à deux heures du matin : à onze heures il avait terminé sa partie. Il sortit alors pour voir où en était son ami et fut bien surpris de trouver Lope dans son jardin en train d'examiner un oranger qui se gelait. « Et comment va notre *comedia*? — A cinq heures, répondit Lope, j'ai commencé à écrire, et il y a une heure que mon acte est fini ; j'ai déjeuné d'une tranche de lard, j'ai composé une épître de cinquante tercets et j'ai arrosé tout ce jardin, ce qui ne m'a pas peu fatigué. » Puis tirant un rouleau de sa poche, il lut à Montalban sa partie d'acte et les tercets (*Fama postuma de Lope, Obras sueltas*, t. XX, p. 52). Une autre fois, Lope renonce à composer une *comedia* sur la fête du Rosaire, parce qu'il n'avait pas trouvé le sujet à son goût : « Faites-la faire au vol (*mande que se escriba al vuela*), écrit-il alors au comte de Lemos, comme celle que j'ai composée sur l'Immaculée Conception à la demande

cette pratique leurs qualités les plus heureuses, y émousser la pointe de leur talent. Premier défaut grave, première cause d'infériorité.

A cette absence d'analyse et d'étude des mouvements de l'âme et des traits de caractère, à la faiblesse de la composition et du style [1] s'ajoute l'em-

de l'Université de Salamanque et qui a obtenu un si grand succès » (*Obras sueltas*, t. XVII, p. 402). Et je ne parle pas des *comedias de repente*, impromptus académiques ; c'est encore un genre à part.

1. Par faiblesse du style, j'entends la platitude de l'expression, cette langue diffuse et sans vigueur, cette abondance brillante et pompeuse, mais si vide et si vague ! enfin, et plus souvent qu'on ne croit, l'incorrection grammaticale. Du parler hyperbolique et amphigourique, *gongorisme* ou *cultisme*, qui exerça de terribles ravages dans la *comedia* comme ailleurs, de toutes les pointes de mauvais goût, il n'y a trop rien à dire ; toute langue, toute nation ont eu leur phébus, et notre tragédie si correcte, si haut chaussée, n'en est pas toujours libre. Sur ce point donc, les auteurs de *comedias* ne sont qu'à demi responsables, contraints qu'ils étaient par métier de suivre une mode absurde. [On n'a pas assez pris garde à l'aphorisme de Baltasar Gracian, dans son *Oraculo manual y arte de prudencia*, Amsterdam, 1659, p. 165 : « Todo se les va a algunos en començar, y nada acaban ; inventan, pero no prosiguen, instabilidad de genio, nunca consiguen alabança, porque nada prosiguen, todo para en parar, si bien nace en otros de impaciencia de animo, *tacha de Españoles*, assi como la paciencia es ventaja de los Belgas... »]

ploi d'une versification plus lyrique que dramatique et qu'on ne doit pas hésiter à qualifier de puérile. Je sais tout ce qu'on peut ici m'objecter. Il n'y a pas qu'une manière de drame, dira-t-on, et les genres ne répugnent pas à être rapprochés dans une même œuvre au point qu'une action dramatique ne puisse être soutenue d'une partie lyrique ; cet ornement parasite est souvent d'un grand effet, et les anciens nous en ont donné l'exemple. Et que reprochez-vous à la *comedia* sa variété de rythmes, serait-ce que vous teniez pour indispensable à un drame bien conduit la monotonie de l'alexandrin ? Je réponds qu'il n'est certes pas inadmissible que dans le drame, tel même que l'ont conçu les modernes, et sans qu'il puisse être ici question de ressusciter ou d'imiter le chœur de la tragédie antique, une certaine forme de lyrisme ne trouve sa place. Ce n'est point là ce que je blâme. J'admets et les effusions lyriques et ces chants populaires si gracieux et si frais, dont Lope et Tirso ont tiré si bon parti, je les admets même quand la marche de l'action devrait en être, sinon gênée, retardée. Un vers unique n'est pas non plus essentiel, personne ne le prétend, et l'on peut dire tout le mal qu'on voudra de l'alexandrin majestueux et compassé, ainsi que de l'alternance monotone des rimes masculines et féminines ; mais au moins l'alexandrin n'est-il pas ridicule. Tandis qu'il est ridicule que les parties de l'action empruntent à la poésie lyrique ses strophes les moins appropriées au mouvement du drame. Qu'un monologue s'enferme dans les quatorze vers d'un sonnet, qu'un dialogue s'échange en cascades de rédondilles, ce qui équivaut pour nous à des couplets de chansonnette, voilà bien de quoi causer, surtout dans les pièces de caractère tragique, une impression directement opposée à celle que l'auteur entendait produire. Possible que les Espagnols en pensent autrement, mais leurs sentiments ils ne sont pas les maîtres de nous les faire partager, et il reste toujours que, passé les monts, cette versification d'opéra n'est pas facilement admise et porte à la *comedia* un préjudice considérable. Est-il bien sûr, d'ailleurs, que composition, style et versification du drame de Lope aient, en Espagne même, victorieusement résisté aux atteintes du temps et aux changements du goût ? Si cela est, comment s'expliquer que nos voisins, qui ont cependant beaucoup retenu de la forme de leur théâtre classique, éprouvent le besoin d'*arranger* ou de *refondre* — ce sont les termes consacrés — les pièces du vieux répertoire, quand il leur arrive (rarement) de les remettre à la scène [1] ? Comment si la *comedia* n'a pas vieilli dans sa forme, des auteurs, et non des plus médiocres, réussissent-ils à gagner quelque renommée en fournissant les théâtres [2] d'*arreglos* de pièces de Lope et

1. « Prueba concluyente de la exactitud de estas criticas negativas (il s'agit des jugements sévères portés par les écrivains du XVIIIe siècle sur l'ancien théâtre), es que la mayor parte de las obras maestras de nuestro antiguo teatro no pueden presentarse hoy en la escena sin un arreglo prévio, que ha recibido el nombre por demas significativo de *refundicion*. Aplauso, y no escaso, han merecido poetas contemporaneos por haber refundido obras del antiguo teatro ; es decir, por haber vaciado en moldes correctos un métal riquisimo, separando préviamente las escorias que lo afeaban. » *Discurso leido ante la R. Academia Española*, por D. Manuel Silvela, le 25 mars 1871 ; *Memorias de la Academia Española*, t. III, p. 284.

2. Tout au commencement de ce siècle, l'arrangeur en titre était D. Candido Maria Trigueros, qui a refondu plusieurs drames de Lope et qui a eu la naïveté d'expliquer dans les préfaces le pourquoi de ses remaniements. Rien n'est comique comme de le voir aux prises avec une de ces anciennes pièces qu'il s'efforce de réduire à la formule française des trois unités et des cinq actes,

de Calderon ? Et nul ne se lève pour protester et crier au sacrilège. Que diriez-vous pourtant si, venant à passer devant la Comédie-Française, vous y lisiez sur l'affiche : « *Phèdre*, tragédie de Racine, arrangée par M. Martin ou M. Durand ? » En cela se voit la différence entre l'œuvre pensée, mûrie, gravée sur l'airain, et l'improvisation conçue au vol, bâtie en un tour de main, écrite au courant de la plume.

Il me reste quelques mots à dire des causes générales, inhérentes au caractère national, qui ont empêché la *comedia* de s'élever aussi haut que d'autres théâtres modernes et de porter aussi loin. L'Espagnol ne manque pas d'imagination, il a l'idée nette et le don de la traduire en une forme vivante ; il invente aisément une histoire et en combine avec adresse le plan, et tant qu'il obéit à son inspiration et compose, pour ainsi dire, sous le feu de l'idée, tout va bien. Mais à la première hésitation, au premier obstacle qui

---

coupant par-ci, ajoutant par-là, car il ajoutait aussi, le malheureux ! « On a fait en sorte que la nouvelle versification ne déparât pas l'ancienne. » Ce Don Candido portait un nom prédestiné. Parmi les refondeurs plus modernes, il suffit de citer le poète de talent et correct écrivain, D. Juan Eugenio Hartzenbusch.

s'offre à sa pensée, le découragement et le dégoût le prennent, l'ardeur dont il était animé au début se dissipe, l'enthousiasme se fond. Ne lui demandez pas de se reprendre ni de se corriger, il ne sait ni finir ni polir : *castigare ad unguem*, ce n'est pas son affaire.

De là tant de livres d'imagination inachevés, tant de romans dont la première partie seule a été terminée ; de là aussi tant de drames, dont les données séduisent et l'exposition promet, et qui, en avançant, se perdent dans les méandres d'une action mal conduite, flottent au hasard et arrivent au dénouement parce qu'il faut bien en finir, que les douze *pliegos* sont pleins, mais non pas parce que la marche des événements réclame une catastrophe. Il était naturel que ce défaut inné de la race, ce laisser-aller une fois l'œuvre lancée, ce dédain de la lime se fissent sentir dans la *comedia* plus qu'ailleurs, eu égard à la qualité inférieure du genre et la précipitation avec laquelle les auteurs se croyaient tenus de composer.

Puis il y a autre chose. Les Espagnols sont volontiers sentencieux et prêcheurs, ils ont toujours eu un goût prononcé pour la satire morale, et, Dieu merci, la terre d'Espagne a produit en assez grand nombre des casuistes et des moralistes. Certains genres même de leur littérature d'agrément, les nouvelles, entre autres, ont été par moments infestés de moralités. Le théâtre, toutefois, échappe à cette immixtion de la morale et de la sentence : il y échappe trop, en ce sens qu'il manque d'un certain lest de doctrine, qu'il est trop exclusivement frivole, qu'il amuse ou émeut, mais selon notre goût du moins, n'enseigne pas assez, et ce n'est pas de ce théâtre-là qu'on dira jamais qu'il a été l'éducateur de la nation. Les auteurs de *comedias* n'ont pas su non plus s'élever au général. On ne saurait les blâmer, sans doute, d'avoir peint ce qu'ils avaient sous les yeux, l'homme tel qu'il s'offrait à leur observation, c'est-à-dire l'Espagnol du XVIIe siècle, et il est certain qu'à trop vouloir généraliser, on risque de mettre sur le théâtre des abstractions plutôt que des personnes vivantes : mais entre les deux extrêmes, il semble toutefois qu'il y ait un terme moyen. Nos Espagnols sont décidément restés trop de leur terroir, les mœurs de leur théâtre sont trop imprégnées d'espagnolisme pour pouvoir intéresser qui ne possède pas une connaissancs intime du milieu. L'intelligence parfaite de ce drame exige une étude approfondie de l'histoire politique et littéraire, des usages et des modes de l'époque et du pays, et il ne faudrait pas croire que les Espagnols de nos jours puissent s'en dispenser. J'estime en effet que les remaniements qu'ils font subir, pour les représenter aux pièces de leur théâtre classique, tiennent aussi à ce que beaucoup d'allusions à d'anciennes coutumes éteintes, à des usages particuliers au XVIIe siècle, ne seraient plus maintenant comprises de personne.

Toutes ces causes réunies expliquent, je crois, le rôle modeste auquel seul peut prétendre la *comedia* dans le concert européen. Observation insuffisante, forme médiocre et trop étrange, mœurs trop particulières, voilà surtout ce qui lui a nui. Des qualités secondaires, je ne lui en refuserai pas, et, par exemple, la *comedia* possède incontestablement, et grâce à ce particularisme sur lequel je viens d'insister, la valeur d'un document historique, non pas tant qu'elle nous représente très exactement la société, car les conventions de l'art dramatique, les ménagements à garder envers un public, maître de siffler comme d'applaudir, imposent à l'artiste bien des gênes, elle nous peint plutôt l'idéal de cette société, l'état de son imagination. En combinant son témoignage avec celui du roman et des autres documents qui copient de plus près la réalité, nous obtenons la résultante de la vie espagnole dans toutes ses manifestations, à une époque où elle présente la plus puissante originalité.

A un autre point de vue aussi il convient de rendre justice à ce théâtre. Sachons-lui gré des efforts qu'il a faits pour enrichir le trésor commun de la littérature dramatique, sachons-lui gré de cette masse énorme de sujets et de situations qu'il a comme jetés sur le marché, où beaucoup ont accouru et se sont enrichis à ses dépens. Et la mine n'est pas près d'être épuisée. Ne méconnaissons pas non plus le caractère national, patriotique de la *comedia*, qui est bien pour mériter notre sympathie. S'il est vrai qu'un grand théâtre puisse vivre et prospérer en ne s'alimentant que de la matière antique, et notre tragédie le prouve, ne refusons pas notre admiration à ceux qui ont puisé dans leur propre histoire la substance de leur drame héroïque. Nous qui n'avons rien voulu prendre à la nôtre, qui avons laissé hors du cadre de notre tragédie les grandes figures de Charlemagne, de saint Louis et de Jeanne d'Arc, rappelons-nous ce que le théâtre espagnol a su faire du *Cid*, rappelons-nous ce que nous-mêmes en avons fait après lui et à son exemple.

MACON, PROTAT FRÈRES, IMPRIMEURS.

*Il a été tiré de cet ouvrage
50 exemplaires sur papier d'Arches,
numérotés de 1 à 50.*

ACHEVÉ D'IMPRIMER LE 25 JUIN 1923
SUR LES PRESSES
DE PROTAT FRÈRES A MACON

A la même Librairie Ancienne Édouard CHAMPION.

Entrée d'Espagne, p. p. Ant. Thomas, 2 vol. (1913), chaque
25 fr.
Coster (A.). **Fernando de Herrera (El Divino)**. In-8. **9 fr.**
— Algunas obras de Fernando de Herrera, edicion critica. In-8.
9 fr.
Fitz-Gérald (J.-D.). **La vida de Santo Domingo de Silos**, par G. de Bercer. Gr. in-8, 2 pl. **12 fr.**
Hérelle (G.). **Études sur le théâtre basque. La représentation des Pastorales à sujets tragiques.** In-8º raisin, 174 p., 19 fig. **10 fr.**
Hollanda (F. de). **Quatre dialogues sur la peinture**, mis en français par L. Rouanet. Portrait de Michel-Ange et frontispice. In-18, 3 pl. **7 fr. 50**
Huszar (G.). **Études critiques de littérature comparée** (ouvrage couronné par l'Académie française). Tome I. P. Corneille et le théâtre espagnol. In-18. **5 fr. 25**
— II. Molière et l'Espagne. In-12. **7 fr. 50**
— L'influence de l'Espagne sur le théâtre français des XVIIIᵉ et XIXᵉ siècles. In-12. **6 fr.**
Institut d'Estudis Catalans. Dépôt à Paris des publications archéologiques, historiques, etc. Liste sur demande.
Lettres du Duc de Bourgogne à Philippe V. Édit. Mgr Baudrillart et M. L. Lecestre. 2 volumes. Chaque **12 fr.**
Libro de Apolonio, an Old Spanish Poem, edited by C. Carroll Marden. Part I. Introduction and Text, LVII + 76 pp. **9 fr. 10.** — Part II. Grammar, Notes and Vocabulary, IV + 191 pp. **18 fr.**
Pagès (Amédée). **Auzias March et ses prédécesseurs. Essai sur la poésie amoureuse et philosophique en Catalogne aux XIVᵉ et XVᵉ siècles.** In-8, 1 planche en couleurs. **15 fr. 75**
Palau (B.). **Farsa llamada custodia del hombre**, publicada con una introduccion por Leo Rouanet. In-8. **15 fr.**
Revue de littérature comparée, dirigée par E. Baldensperger et P. Hazard. — Abonnement **40 fr.** Tomes I et II. Chaque **50 fr.**

MACON, PROTAT FRÈRES, IMPRIMEURS.

www.ingramcontent.com/pod-product-compliance
Lightning Source LLC
LaVergne TN
LVHW021718080426
835510LV00010B/1037